Made in the USA
Las Vegas, NV
05 December 2020

12100922R00069